Sobre el padrenuestro

Sobre el padrenuestro

Simone Weil

Introducción de Josep Otón Catalán

MÍNIMA TROTTA

MINIMA TROTTA

© Editorial Trotta, S.A., 2026
Ferraz, 55. 28008 Madrid
Teléfono: 91 543 03 61
E-mail: editorial@trotta.es
http://www.trotta.es

© Josep Otón Catalán, introducción, 2026

© Los traductores, sus traducciones, 2026

ISBN: 978-84-1364-352-6
depósito legal: M-10655-2026

impresión
Gráficas Cofás, S.A.

CONTENIDO

INTRODUCCIÓN

Josep Otón Catalán

1. ENCUENTROS CRUCIALES

En ocasiones, los tiempos aciagos propician encuentros impensables en otras circunstàncias. La ocupación de París obligó a Simone Weil a buscar refugio en el sur de Francia, donde coincidió con personas que marcarían su trayectoria personal, pero, sobre todo, el futuro de su obra.

El 13 de junio de 1940, el día antes de la entrada de los alemanes en la capital francesa, los Weil habían salido de compras. Los carteles colgados en las calles anunciaban la declaración de ciudad abierta. Sin tiempo de preparar el equipaje, se dirigieron a la estación de Lyon para tomar un tren que los pusiera momentáneamente a salvo. Hasta mayo de 1942 permanecieron en Marsella y otras ciudades bajo el control del régimen de Vichy.

Intelectualmente, esta etapa resultó muy fecunda para Simone Weil y le permitió trabar amistades que resultaron decisivas para su pensamiento. En la Navidad de 1940, empezó a relacionarse con los Honnorat. A Pierre, matemático y compañero de André

9

Weil en la Escuela Normal Superior, ya lo conocía desde hacía tiempo. Su hermana, Hélène Honnorat, ferviente católica, quiso conocer a Weil y se brindó a introducirla en los círculos católicos marselleses.

A través de Hélène se puso en contacto con el dominico Joseph Marie Perrin. Nacido en Troyes en julio de 1905, ingresó en el noviciado de los dominicos de Saint Maximin en 1922, hizo la profesión solemne en 1927 y fue ordenado sacerdote en 1929. Con el ascenso del nazismo se comprometió activamente en la resistencia contra el totalitarismo y en la acogida de personas judías. En verano de 1941, al regresar a su convento de Marsella tras un viaje, Hélène le pidió que recibiera a Simone Weil que, vitalmente implicada en la causa de la clase trabajadora, quería compartir su suerte. Ya había sido obrera en una fábrica y ahora se planteaba trabajar en las labores agrícolas. Con esta intención visitó a Perrin.

Weil quedó muy impresionada al conocer personalmente a este sacerdote. Por aquel entonces, con una afección grave de la vista y con una delgadez ascética, hablaba con gran dulzura y le inspiró una profunda confianza. Le fue a ver con cierta asiduidad, no solo para estar al corriente de las gestiones relativas al trabajo en el campo, sino, sobre todo, para exponerle los problemas religiosos que tanto la preocupaban[1].

El padre Perrin fue el depositario de las confidencias de esta controvertida pensadora. A pesar de su agnosticismo y de su origen judío, había vivido diversas experiencias, en Portugal, en Asís y en Soles-

---

1. S. Pétrement, *La vida de Simone Weil*, trad. de F. Díez del Corral, Trotta, Madrid, 1997, pp. 583-584.

mes, que la habían acercado al catolicismo. Aun así, se resistía a recibir el bautismo.

Para Weil era difícil vincularse con exclusividad a esta religión ya que sentía una gran admiración hacia otros credos. Además, el Antiguo Testamento le producía una profunda aversión por sus componentes belicistas e intolerantes. Por el mismo motivo, se escandalizaba ante la brutalidad de las cruzadas y de la inquisición, más aún al conocer el destino de los cátaros y albigenses, un recuerdo todavía vivo en Occitania.

Sin embargo, el encuentro con Perrin fue decisivo. Weil le confesó que «de no haberlo conocido, jamás me habría planteado el bautismo como problema práctico»[2]. Por su parte, el dominico, predispuesto a ayudar a los judíos, la puso en contacto con el escritor Gustave Thibon para que le facilitara el poder trabajar en la vendimia.

Thibon, nacido en septiembre de 1903, disponía de una finca en Saint-Marcel-d'Ardèche. Era una propiedad familiar de viñedos y olivos. La gran gripe le arrebató a su madre y él mismo estuvo en peligro de muerte. Encontró consuelo en la poesía.

A los veinte años, buscó fortuna viajando por Inglaterra, Italia y Argelia. Sin encontrar el éxito que ansiaba, tuvo que regresar, al cabo de dos años, a su casa familiar. Sin embargo, su experiencia en el extranjero acrecentó su sed de conocimiento. A fuerza de trabajo y voluntad aprendió, de manera autodi-

2.   S. Weil, «Autobiografía», en Íd., *A la espera de Dios*, prólogo de C. Ortega, trad. de M. Tabuyo y A. López, Trotta, Madrid, [6]2026, p. 56.

dacta, latín, alemán, italiano y español. Con veinticinco años, redescubrió la fe que había abandonado por las vicisitudes de su adolescencia. La priora del Carmelo de Aviñón, la madre Marie-Thérèse du Sacré-Cœur, le ayudó a descubrir a san Juan de la Cruz, cuya mística, condensada en la «noche oscura», resultó un estímulo vital e intelectual.

Cuando Perrin le pidió recibir a Simone Weil para que trabajara en las labores del campo, Thibon pensó en rechazar la propuesta. Después aceptó emplearla o, más bien, le propuso pasar algunas semanas en su granja. Se empezaron a escribir.

Finalmente, en agosto de 1941, se conocieron en persona. Sus primeras conversaciones fueron cordiales, pero complicadas. No estaban prácticamente de acuerdo en nada. Weil se enfrascaba en discusiones interminables que agotaban a Thibon. Sobre su aspecto físico, este utilizó la expresión «naufragio de la belleza» para describir la huella visible del trabajo y de la enfermedad sobre el cuerpo de la joven filósofa[3]. Este presentimiento sobre los efectos de la autoexigencia en su frágil constitución se acabó confirmando con la enfermedad y la muerte de Weil en agosto de 1943 con tan solo treinta y cuatro años.

Durante unas semanas entablaron una complicidad intelectual que les enriqueció mutuamente. Gustave Thibon introdujo a Simone Weil en la obra de Juan de la Cruz, que empezó a leer en español. Por su parte, ella le ayudó en la lectura, estudio y comentario de textos griegos, principalmente Homero y Platón. Durante su estancia en Poët, había leído el texto

3. S. Pétrement, *La vida de Simone Weil*, cit., p. 597.

griego del padrenuestro. En agosto lo compartió con Thibon y ambos se comprometieron a aprendérselo de memoria y a recitarlo.

2. LA EXPERIENCIA DEL PADRENUESTRO

A mediados de septiembre de 1941, en plena vendimia, Simone Weil vivió una experiencia extraordinaria. En una carta dirigida al padre Perrin le confiesa que, hasta esa época, jamás había rezado. Nunca antes se había dirigido a Dios, ni mentalmente ni en voz alta. En alguna ocasión había recitado la salve como si leyera un poema, pero no había pronunciado nunca una oración litúrgica.

Había traducido el padrenuestro del griego, palabra por palabra, y se lo había aprendido de memoria. La dulzura infinita del texto original la impresionó de tal modo que durante los días siguientes no pudo dejar de recitarlo con asiduidad. Lo repetía incluso mientras vendimiaba. Desde entonces, determinó rezarlo cada mañana con plena atención. Si se distraía o se adormecía, volvía a empezar para alcanzar una atención absoluta[4]. No se trataba de una simple disciplina realizada de manera rutinaria. Según Weil, el padrenuestro es a la oración lo mismo que Cristo es respecto de la humanidad. Por ello, creía que no es posible recitarlo atentamente sin que se produzca un cambio en el interior de la persona.

Confiesa que, a veces, las primeras palabras arrancan el pensamiento del cuerpo y lo trasladan a un lu-

---

4. «Autobiografía», cit., p. 57.

gar fuera del espacio donde no hay perspectiva ni punto de vista. El espacio se abre. La infinitud del espacio ordinario de la percepción es sustituida por la infinitud a la segunda o tercera potencia. Asimismo, esta infinitud de infinitud se llena totalmente de silencio, un silencio que no es ausencia de sonido, sino el objeto de una sensación positiva, más real que la propia vibración sonora. Los ruidos, si los hay, solo le llegan después de haber atravesado el silencio[5].

En un artículo describe la experiencia de lo trascendente afirmando que Dios no solo viene a visitar a la persona, sino que se apodera de ella y la lleva junto a sí. Es como el polluelo que ha roto la cáscara y está fuera del huevo del mundo[6]. Análogamente, en otro texto indica que, cuando el silencio de Dios entra en el alma y se une al silencio que está en lo secreto de nuestro interior, «el espacio se abre ante nosotros como un fruto que se parte en dos, pues vemos el universo desde un punto situado fuera del espacio»[7].

Esta experiencia espiritual de quietud, contemplación, recogimiento, va acompañada, en ocasiones, de una auténtica revelación. A veces también, durante la recitación del padrenuestro o en otros momentos, Cristo en persona está presente, pero con una presencia infinitamente más real, más sobreco-

5. «Autobiografía», cit., p. 57.
6. S. Weil, «Formas del amor implícito a Dios», en Íd., *A la espera de Dios*, cit., pp. 165-166; cf. S. Weil, «Carta a Joë Bousquet, 12 de mayo de 1942», en Íd., *Pensamientos desordenados*, trad. de M. Tabuyo y A. López, Trotta, Madrid, 1995, p. 54.
7. S. Weil, «Nuevas reflexiones sobre el amor a Dios y la desdicha», en *Pensamientos desordenados*, cit., p. 88.

gedora, más clara y más llena de amor que aquella primera vez en que se apoderó de ella[8].

Esta «primera vez» seguramente alude a una experiencia del año 1938. En una carta de 12 de mayo de 1942 dirigida al poeta Joë Bousquet, postrado en una cama por las secuelas del impacto de una bala recibida durante la Primera Guerra Mundial, Weil comparte con él su experiencia interior: «Una presencia más personal, más cierta, más real que la de un ser humano, inaccesible tanto a los sentidos como a la imaginación, análoga al amor que se transparentaría a través de la más tierna sonrisa de un ser amado»[9].

En la misma época —finales de mayo de 1942— escribe otra carta al padre Perrin, donde describe con mayor detalle esta experiencia que supuso un punto de inflexión en su trayectoria vital. Durante la Semana Santa de 1938, Simone Weil acudió a la abadía de Solesmes para asistir a los oficios y escuchar el canto gregoriano. En este contexto se produjo una nueva e intensa experiencia interior: «en el transcurso de estos oficios, el pensamiento de la pasión de Cristo entró en mí de una vez y para siempre».

Allí, Weil conoció a un joven católico inglés que le transmitió por primera vez la idea de la virtud sobrenatural de los sacramentos y la introdujo en la lectura de los llamados *poetas metafísicos* de la Inglaterra del siglo XVII, especialmente George Herbert. Más tarde, leyéndolos, descubrió un poema titulado *Love*. Impactada, se lo aprendió de memoria y lo recitaba

8. «Autobiografía», cit., p. 58.
9. «Carta a Joë Bousquet, 12 de mayo de 1942», cit., p. 58.

a menudo. Confiesa que, en cierta ocasión, mientras lo repetía, «Cristo mismo descendió y me tomó»[10].

La fábrica y la viña

La experiencia espiritual de Simone Weil con el padrenuestro tiene lugar en un marco muy particular: el trabajo. Anteriormente había tenido sus encuentros con el catolicismo en un entorno sacro: una procesión, una capilla, la liturgia de la Pascua..., pero ahora su experiencia mística sucede dentro de las coordenadas que habían presidido toda su vida: la preocupación por los trabajadores. Al sumergirse en las labores de la vendimia, lejos de apartarse de su itinerario religioso se adentra en él y, a la vez, reconfigura su concepción del trabajo manual.

En 1941 preparó para Perrin unas reflexiones sobre el trabajo en las fábricas. Quería dejar constancia de su experiencia como obrera. Entre otras consideraciones, sentencia: «Las cosas juegan el papel de los hombres, los hombres juegan el papel de las cosas; esa es la raíz del mal»[11]. Su propia vivencia le había mostrado hasta qué punto resultaba deshumanizador el trabajo en las cadenas de producción.

Años antes, en 1932, ya había descrito cómo la división del trabajo provocaba que cada obrero solo podía actuar como un autómata. «Entonces, el gesto del obrero podía ser reemplazado por un movimiento me-

10. «Autobiografía», cit., p. 55.
11. S. Weil, «Experiencia de la vida en la fábrica», en Íd., *La condición obrera*, introd. y notas de R. Chenavier, trad. de T. Escartín Carasol y J. L. Escartín Carasol, Trotta, Madrid, 2014, p. 247.

cánico»[12]. Es decir, las cosas —esto es, las máquinas— sustituyen a los seres humanos en una acción propia de la condición humana: la fabricación de productos.

Pero este trueque de funciones también genera el fenómeno inverso: «[Los obreros] no son nada porque el papel de la mayoría de ellos, en la producción, es el de simples engranajes, y son degradados a ese papel de engranajes porque el trabajo intelectual se ha separado del trabajo manual y porque el desarrollo del maquinismo ha quitado al hombre el privilegio de la habilidad para hacerlo pasar a la materia inerte»[13].

Weil descubre en la fábrica el laboratorio de una distopía social. El trabajo se convierte en una estrategia despersonalizadora del individuo al privarle de la posibilidad de pensar por sí mismo y convertirlo en materia inerte, obediente, sumiso. En los talleres fabriles se fragua el proceso alienador que se traslada a ámbitos como el ejército o los partidos para acabar siendo el fundamento del dominio totalitario. Weil desenmascara una concepción mecanicista del colectivo capaz de arrebatar al individuo su dignidad, su capacidad de raciocinio, y degradarlo hasta convertirlo en una pieza más de los automatismos de la opresión social.

En cambio, Weil encuentra en las labores agrícolas el contrapunto para presentar su propuesta utó-

12. S. Weil, «El capital y el obrero», en Íd., *Escritos históricos y políticos*, prólogo de F. Fernández Buey, trad. de A. López y M. Tabuyo, Trotta, Madrid, 2007, p. 65.

13. S. Weil, «Sobre las contradicciones del marxismo», en *Escritos históricos y políticos*, cit., p. 118.

pica, una posible salvación. El trabajo en el campo la ayuda a reflexionar sobre otra metáfora: la planta. Por una parte, utilizará esta imagen para articular su proyecto cívico: el arraigo. Echar raíces en un entorno social es, en su opinión, una de las principales necesidades (*besoins*) del alma[14].

Pero, a la vez, el símil vegetal le sirve para contraponer la gracia a la fuerza de la gravedad. Esta se asemeja a la necesidad (*nécessité*), a los engranajes ciegos que rigen la marcha del universo, el devenir de la historia y el funcionamiento de las sociedades. En cambio, la gracia, a imagen de la luz del sol que atrae en un movimiento ascendente a las plantas, constituye la energía que contrarresta la gravedad, la fuerza que actúa indiscriminadamente sobre toda la materia. «La única fuerza capaz de vencer a la gravedad es la energía solar. Es esta energía, una vez ha descendido sobre la tierra y ha sido asimilada por las plantas, la que permite a estas crecer verticalmente de abajo hacia arriba»[15].

La atención

Para que esta fuerza contraria a la gravedad surta su efecto es imprescindible la complicidad del individuo manifestada a través de una actitud particular: la atención. Para recitar el padrenuestro reclama la

14. S. Weil, *Echar raíces*, presentación de J.-R. Capella, trad. de J. C. González Pont y J.-R. Capella, Trotta, Madrid, ³2026, p. 63.
15. S. Weil, «Pensamientos desordenados acerca del amor a Dios», en *Pensamientos desordenados*, cit., p. 18.

«plena atención». Ahora bien, se trata de algo nuevo, puesto que Weil ya había experimentado en la fábrica una atención alienante. En su relato del trabajo fabril describe el estado mental de los obreros que se ven obligados a estar atentos a las órdenes de los encargados, a los incidentes en la cadena de producción, a la realización de la tarea encomendada. Había que evitar a toda costa cualquier distracción. En consecuencia, había que aletargar el pensamiento para centrarse en la ejecución mecánica de la tarea asignada.

«Así el pensamiento se retrae. Ese repliegue sobre el presente produce una especie de estupor. [...] En algunos momentos, el trabajo es lo bastante absorbente como para que el pensamiento se mantenga por sí mismo dentro de esos límites. Entonces no se sufre»[16].

Weil critica abiertamente esta situación. La califica de atentado y la compara con un crimen contra el Espíritu Santo. «Mata en el alma la facultad que constituye en ella la raíz misma de toda vocación sobrenatural. La baja especie de atención exigida por el trabajo taylorizado no es compatible con ninguna otra, porque vacía el alma de todo lo que no sea la preocupación por la velocidad»[17].

Weil está denunciando la existencia de una atención deshumanizadora, propia de la producción en cadena, pero susceptible de aplicarse a otros ámbitos de la vida social. El pensamiento queda suspendido para no sufrir, no cuestionarse el sentido de lo que está sucediendo o ser aceptado por el colectivo. Es

16. «Experiencia de la vida en la fábrica», cit., p. 245.
17. S. Weil, «Condición primera de un trabajo no servil», en *La condición obrera*, cit., pp. 311-312.

una renuncia a los propios argumentos que despersonaliza, convierte al individuo en materia inerte, sin subjetividad, con una interioridad cercenada. Pasa a ser una pieza más del engranaje de la fábrica o de un colectivo que actúa como una máquina.

Así, el trabajo concienzudo, meticuloso, parece reclamar el prescindir de la conciencia individual. Es una atención productiva, que persigue el rendimiento, pero empobrece al ser humano, lo desarraiga, lo devalúa, lo convierte en un objeto.

En cambio, Weil concibe otra manera de entender la atención. Ya en su juventud la consideraba una vía de acceso a la verdad[18]. Pero ahora se convierte en una puerta abierta a la experiencia de lo trascendente. La atención es la única facultad del alma que tiene acceso a Dios, que constituye una relación directa con Dios[19]. Así, al finalizar la vendimia, Weil regresó a Marsella y se reencontró con el padre Perrin, quien, en la primavera de 1942, fue destinado a Montpellier para atender a un grupo de estudiantes. Para ayudarle en su nueva misión, Simone Weil preparó el texto «Reflexiones sobre el buen uso de los estudios escolares como medio de cultivar el amor a Dios», un auténtico tratado sobre la atención.

«La atención consiste en suspender el pensamiento, en dejarlo disponible, vacío y penetrable al objeto, manteniendo próximos al pensamiento, pero en un nivel inferior y sin contacto con él, los diversos conocimientos adquiridos que deban ser utilizados. [...] Y sobre todo la mente debe estar vacía, a la es-

18. «Autobiografía», cit., p. 51.
19. «Condición primera de un trabajo no servil», cit., p. 309.

pera, sin buscar nada, pero dispuesta a recibir en su verdad desnuda el objeto que va a penetrar en ella»[20].

La atención requiere de una purificación previa de la mente, un desapego intelectual, un ayuno de ideas, una liberación de todo prejuicio para captar los matices de la realidad. Mientras el ser humano tenga la conciencia concentrada en sus propias opiniones, estará sometido hasta en sus pensamientos más íntimos a la coerción de la necesidad y al juego mecánico de la fuerza. Sin embargo, todo cambia cuando, en virtud de una atención auténtica, «vacía su alma para dejar que entren en ella los pensamientos de la sabiduría eterna»[21].

Se trata ahora de una atención contemplativa, fecunda, que enriquece al ser humano y contribuye a la construcción de su interioridad. Una atención basada en la mirada. Porque la mente debe vaciarse «de todo contenido propio para recibir al ser al que está mirando tal cual es, en toda su verdad»[22].

Simone Weil era profesora y las actividades escolares le proporcionan numerosos ejemplos para ilustrar su teoría sobre la atención[23]. La actividad en el aula es una especie de gimnasia cuyo objetivo es desarrollar la atención. La energía invertida en resolver un ejercicio escolar, independientemente del resultado, permite avanzar hacia otra dimensión más miste-

20. S. Weil, «Reflexiones sobre el buen uso de los estudios escolares como medio de cultivar el amor a Dios», en *A la espera de Dios*, cit., p. 90.

21. *Echar raíces*, cit., p. 268.

22. «Reflexiones sobre el buen uso de los estudios escolares como medio de cultivar el amor a Dios», cit., p. 93.

23. *Ibid.*, p. 91.

riosa: «... ese esfuerzo en apariencia estéril e infructuoso ha llevado una luz hasta el alma [... y] revierte en la oración»[24].

La atención no es la respuesta a una vocación puramente contemplativa ni a la especulación intelectual. Forma parte del compromiso ético tan presente en la vida y en la obra weiliana. Para ella, cualquier ejercicio académico de atención, aunque se haya resuelto mal, puede proporcionar una mayor capacidad para atender a alguien que sufre y que, de otro modo, quedaría invisibilizado[25].

Así, «la atención es la forma más rara y pura de la generosidad»[26]. Permite saber que el desdichado existe, no como una unidad más dentro de una serie, ni como un ejemplar de una categoría social que lleva la etiqueta de «desdichado», sino como un ser humano, semejante en todo al resto[27]. Esta es la enseñanza de la parábola evangélica del buen samaritano (Lucas 10, 30-36)[28].

Para Weil, la atención nos abre a la trascendencia. Es un esfuerzo que no pertenece directamente

24. *Ibid.*, p. 86; cf. «Condición primera de un trabajo no servil», en *La condición obrera*, cit., p. 309; S. Weil, *La gravedad y la gracia*, ed. de C. Ortega, Trotta, Madrid, ⁵2025, pp. 190-191; S. Weil, «Fragmentos y notas», en Íd., *Escritos de Londres y últimas cartas*, Trotta, Madrid, 2000, p. 136.

25. «Reflexiones sobre el buen uso de los estudios escolares como medio de cultivar el amor a Dios», cit., p. 93.

26. «Carta a Joë Bousquet del 13 de abril de 1942», en S. Weil y J. Bousquet, *Correspondance 1942. Quel est donc ton tourment?*, Claire Paulhan, París, 2019, p. 90.

27. «Reflexiones sobre el buen uso de los estudios escolares como medio de cultivar el amor a Dios», cit., p. 92.

28. «Formas del amor implícito a Dios», cit., p. 120.

al ámbito de la acción, aunque resulta muy costoso. Hay que mantener la mirada orientada hacia Dios, volverla a dirigir cuando se aparta y aplicarla a cada instante con toda la intensidad de la que uno sea capaz[29]. En definitiva, en su grado más alto la atención, absolutamente pura y sin mezcla, es oración[30]. Esta es su experiencia con el padrenuestro.

El padrenuestro

Weil le concede una gran importancia al texto del padrenuestro. Encontramos referencias a esta oración diseminadas en diferentes escritos de su obra. En el *Cuaderno IV* se conserva su primera traducción del original griego[31]. En febrero de 1942, escribió un primer comentario sobre esta plegaria, tal como consta en el *Cuaderno VII* [32]. En esta interpretación del texto hace alusión a las deidades del hinduismo. En esta etapa, Simone Weil estudió diferentes tradiciones religiosas en busca de una inspiración común. Leyó las *Upanishad*, la *Bhagavad Gita* o el *Libro de los muertos* egipcio. Impactada por la lectura de los textos sagrados de la India, Egipto, China y Grecia, se cuestiona la exclusividad del cristianismo[33].

29. «Reflexiones desordenadas acerca del amor a Dios», en *Pensamientos desordenados*, cit., p. 31.

30. *La gravedad y la gracia*, cit., p. 190.

31. S. Weil, *Œuvres complètes VI, Cahiers*, vol. 2 (septembre 1941–février 1942), Gallimard, París, 1997, p. 135.

32. S. Weil, *Cuadernos*, trad., comentarios y notas de C. Ortega, Trotta, Madrid, 2001, pp. 512-513.

33. S. Weil, «Últimos pensamientos», en *A la espera de Dios*, cit., p. 76; S. Weil, *Carta a un religioso*, prólogo de C. Ortega, trad. de M. Tabuyo y A. López, Trotta, Madrid, ²2011, p. 21.

Al año siguiente (1943), ya en Londres, vuelve a aludir al padrenuestro al referirse al perdón a los deudores[34] y también al pan trascendente[35]. Pero el comentario fundamental es «À propos du Pater», escrito en mayo de 1942 y enviado a Perrin. Se trata de un comentario de esta oración según la versión de Mateo 6, 9-13. Ahora bien, este texto no se ciñe únicamente a los contenidos de esta oración cristiana, sino que Weil ofrece una reformulación de su propio pensamiento tras haber acogido la experiencia de lo trascendente.

Domenico Canciani y Maria Antonietta Vito sitúan el comentario al padrenuestro de Weil en el ámbito de la escritura sobrenatural, impregnada de oración. La autora, como en un cristal de roca, compacto, nítido, resplandeciente, ha decantado la sustancia de su espiritualidad y de su reflexión sobre Dios y nos la ofrece para nuestra meditación, nuestra contemplación. Por ello, sus palabras deben ser rumiadas, lentamente, para que tengan la eficacia de un sacramento[36].

En efecto, en Londres, le escribía a Maurice Schumann comparando el hecho de recitar esta plegaria con un sacramento, sobre todo si se utilizan las mismas palabras de Jesús que, en su opinión, son las del texto griego. Entonces uno es «únicamente un intermediario para una repetición de la oración de Cristo»[37].

34. S. Weil, «Fragmentos y notas», cit., p. 129.
35. S. Weil, «Fragmentos, Londres, 1943», en Íd., *Opresión y libertad. Ensayos de crítica social y política*, Página Indómita, Barcelona, 2021, p. 123.
36. D. Canciani y M. A. Vito, *Padre Nostro*, Castelvecchi, Roma, 2021, pp. 10-11.
37. S. Weil, «Cartas a Maurice Schumann», en *Escritos de Londres y últimas cartas*, cit., p. 160.

Weil descubre el texto del padrenuestro en griego en un momento de síntesis, en el que intenta armonizar estas dos fuentes de sabiduría —la Grecia clásica y el cristianismo— que se funden vital e intelectualmente en su experiencia. Seguramente pretendía rescatar a los filósofos de la Antigüedad de la condenación eterna[38] y al cristianismo, del escándalo de la violenta intransigencia de algunos pasajes del Antiguo Testamento[39].

En este sentido, hay que tener presente que, después de la vendimia de 1941, durante el invierno, el padre Perrin invitó a Weil a participar en algunas reuniones celebradas en la cripta del convento de los dominicos de Marsella. Allí, esta polifacética autora leía y comentaba textos de la filosofía griega que, en su opinión, prefiguraban el mensaje del Evangelio. Procuraba buscar la conexión entre el pensamiento clásico y la propuesta cristiana. Sus reflexiones de esta época han quedado recogidas en los libros *Intuiciones precristianas* y *La fuente griega*[40].

Así, en su comentario de la *Ilíada* afirma que «el Evangelio es la última y maravillosa expresión del genio griego, así como la *Ilíada* es la primera; el espíritu de Grecia se deja ver no solo en que se ordena bus-

38. «Autobiografía», cit., p. 56 y *Carta a un religioso*, cit., pp. 40-42.

39. S. Weil, «Israel y los gentiles», en *Pensamientos desordenados*, cit., p. 40; S. Weil, «Carta a Déodat Roché», en *Pensamientos desordenados*, cit., pp. 47-48.

40. S. Weil, *Intuiciones precristianas*, trad. de C. Ortega, Trotta, Madrid, 2004; Íd., *La fuente griega*, trad. de J. L. Escartín y M.ª T. Escartín, Madrid, Trotta, 2005.

car, con exclusión de cualquier otro bien, 'el reino de Dios y la justicia de nuestro padre celestial' (Mateo 6, 33), sino también en que ahí se expone la miseria humana, y esto en un ser divino al mismo tiempo que humano»[41].

Desde su infancia había sintonizado con el estoicismo por su propuesta de amar todo lo que el destino conlleva, aunque sea la desgracia[42]. En su opinión, Juan evangelista, sirviéndose de las palabras Logos y Pneuma, indica la profunda afinidad que liga al estoicismo griego con el cristianismo[43].

En este contexto de *amor fati* hay que situar también sus escritos referentes a la desdicha, muchos de ellos dirigidos a Joë Bousquet, víctima de la crueldad del devenir. Ahora bien, en el comentario del padrenuestro la aceptación de los acontecimientos ya no responde al acatamiento de un destino ciego, sino a la conformidad con la voluntad de un Dios trascendente, que es percibido como ausente, pero que nos busca. Entonces, aunque no podamos acercarnos a él, porque está fuera de nuestro alcance, sí que podemos orientar nuestra mirada —es decir, nuestra atención— hacia él, esperándole.

En este sentido, resulta crucial la interpretación de Weil de la frase «Danos hoy nuestro pan de cada día». En sus diálogos con el doctor Louis Bercher ya había manifestado su preocupación por la manera de

41. S. Weil, *La* Ilíada *o el poema de la fuerza*, trads. de C. Ortega, A. López y M. Tabuyo, Trotta, Madrid, 2023, p. 54.

42. S. Pétrement, *La vida de Simone Weil*, cit., p. 627.

43. *Carta a un religioso*, cit., p. 28.

traducir la palabra *epiousios*[44]. Se trata de un término griego que solo aparece en el padrenuestro, por lo que resulta muy difícil establecer con exactitud su significado. Por ejemplo, el propio san Jerónimo lo traduce como *supersubstantialis* en el evangelio de Mateo (6, 11) y, en cambio, en el evangelio de Lucas (11, 3) lo traduce como *quotidianus*. Una dificultad lingüística de la que se hicieron eco algunos Padres de la Iglesia como Agustín o Pedro Crisólogo.

Seguramente, el texto evoca el maná del Antiguo Testamento, que los israelitas tenían que recoger cada mañana para cubrir sus necesidades de aquel día (Éxodo 16, 21). Pero Weil subraya su naturaleza espiritual, puesto que desborda el ámbito de la mera subsistencia diaria. Por ello, precisa que el pan es sobrenatural («Nuestro pan, que es sobrenatural, dánoslo hoy») y lo identifica con el propio Cristo, una clara alusión a la eucaristía. Así, distanciándose de las doctrinas cátaras y gnósticas, consideraba que «la eucaristía es algo muy distinto a un símbolo, en el sentido de que la consagración opera una transformación real, que solo le vale al alma capaz de sentirla»[45].

En todo caso, Weil nos recuerda que, para elevarnos, necesitamos una energía trascendente que nos alimenta y de la cual no podemos hacer provisión. No son nuestros esfuerzos los que resultan decisivos, a no ser el esfuerzo de la atención, de orientar la mirada, de ser capaces de acoger.

44. S. Pétrement, *La vida de Simone Weil*, cit., p. 591.
45. *Cuadernos*, cit., p. 527.

«Quienes saltan hacia el cielo, absortos en su esfuerzo muscular, no miran al cielo. La mirada es lo único eficaz, pues es lo que hace descender a Dios. Y cuando Dios desciende hasta nosotros, nos eleva, nos da alas»[46].

Desde la perspectiva que le proporciona la atalaya de su experiencia mística, Weil vislumbra la posibilidad de superar la tiranía de la fuerza, los mecanismos que alienan al ser humano. Una emancipación que no es fruto del esfuerzo humano, sino de «un bien que, al hallarse fuera de este mundo, no está sometido a ninguna influencia social. Es este el pan trascendente mencionado en el texto original del padrenuestro»[47].

46. «Reflexiones desordenadas acerca del amor a Dios», cit., p. 33.
47. «Fragmentos, Londres, 1943», cit., pp. 122-123.

SOBRE EL PADRENUESTRO*

*   Traducción de María Tabuyo y Agustín López.

Πάτερ ἡμῶν ὁ ἐν τοῖς οὐρανοῖς
Padre nuestro, el que está en los cielos*,

Es nuestro Padre; nada real hay en nosotros que no
proceda de él. Somos suyos. Nos ama, puesto que se
ama y nosotros le pertenecemos. Pero es el Padre que
está en los cielos, no en otra parte; si creemos tener
un padre en este mundo, no es él, sino un falso Dios.
No podemos dar un solo paso hacia él; no se camina
verticalmente. Podemos solo dirigir hacia él nuestra
mirada. No hay que buscarle, basta con cambiar la
orientación de la mirada; a él es a quien corresponde
buscarnos. Hay que sentirse felices de saber que está
infinitamente fuera de nuestro alcance. Tenemos así la
certeza de que el mal que hay en nosotros, aun cuando invada nuestro ser, no mancha de ningún modo la
pureza, la felicidad y la perfección divinas.

---

*   Traducimos literalmente las diversas cláusulas del padrenuestro. La versión de Simone Weil no se ajusta tampoco a la forma habitual que esta oración tiene en lengua francesa. [*N. de los T.*]

άγιασθήτω τὸ ὄνομά σου
Sea santificado tu nombre

Solo Dios tiene el poder de nombrarse a sí mismo.
Su nombre no puede ser pronunciado por labios
humanos. Su nombre es una palabra, el Verbo. El
nombre de un ser cualquiera es un elemento mediador entre el espíritu humano y ese ser, la única
vía por la cual el espíritu humano puede aprehen-
der algo de él cuando está ausente. Dios está ausente; está en los cielos. Su nombre es la única posibilidad para el hombre de acceder a él. Así pues, es
el Mediador. El hombre tiene acceso a ese nombre,
aunque sea trascendente. Brilla en la belleza y el orden del mundo y en la luz interior del alma humana. Ese nombre es la santidad misma; no hay santidad fuera de él; no necesita, pues, que se le santi-
fique. Al pedir su santificación, pedimos lo que es
eternamente con una plenitud de realidad a la que
no está en nuestro poder añadir o sustraer ni tan siquiera una parte infinitamente pequeña. Pedir lo
que es, lo que realmente es, infalible y eternamente, de manera totalmente independiente de nuestra
petición, es la petición perfecta. No podemos dejar
de desear, somos deseo; pero si lo volcamos ínte-
gramente en nuestra petición, podemos transformar
ese deseo que nos clava a lo imaginario, al tiempo,
al egoísmo, en una palanca que nos permita pasar
de lo imaginario a lo real, del tiempo a la eternidad,
más allá de la prisión del yo.

ἐλθέτω ἡ βασιλεία σου
Venga tu reino

Se trata ahora de algo que debe venir, que no está presente. El reino de Dios es el Espíritu Santo llenando por completo toda el alma de las criaturas inteligentes. El Espíritu sopla donde quiere; solo podemos llamarle. No hay ni que pensar en llamarle de manera particular para uno mismo, para unos o para otros, ni siquiera para todos, sino llamarle pura y simplemente; que pensar en él sea una llamada y un grito. Así como cuando se está en el límite de la sed, muriendo de sed, uno ya no se representa el acto de beber en relación a sí mismo, ni siquiera el acto de beber en general, sino tan solo el agua en sí; pero esta imagen del agua es como un grito de todo el ser.

γενηθήτω τὸ θέλημά σου
Hágase tu voluntad

No estamos absoluta e infaliblemente seguros de la voluntad de Dios más que con respecto al pasado. Todos los acontecimientos que se han producido, cualesquiera que sean, son conformes a la voluntad del Padre todopoderoso. Esto viene determinado por la noción de omnipotencia. También el porvenir, cualquiera que deba ser, una vez realizado, se habrá realizado conforme a la voluntad de Dios. No podemos añadir ni quitar nada a esa conformidad. Así, tras un impulso de deseo hacia lo imposible, de

33

nuevo, en esta fase, pedimos lo que es. Pero no ya una realidad eterna como es la santidad del Verbo; aquí el objeto de nuestra petición es lo que se produce en el tiempo. Pero pedimos la conformidad infalible y eterna de lo que se produce en el tiempo con la voluntad divina. Tras haber arrancado el deseo al tiempo como primera petición para aplicarlo a lo eterno y haberlo por tanto transformado, retomamos ese deseo, convertido en cierto modo en eterno, para aplicarlo de nuevo al tiempo. Entonces nuestro deseo atraviesa el tiempo para encontrar detrás de él la eternidad. Esto es lo que ocurre cuando sabemos hacer de todo acontecimiento cumplido, cualquiera que sea, un objeto de deseo. Es una actitud muy distinta a la resignación. La palabra «aceptación» es incluso demasiado débil. Hay que desear que todo lo que ha sucedido haya sucedido y nada más. No porque lo que haya sucedido esté bien a nuestros ojos, sino porque Dios lo ha permitido y porque la obediencia del curso de los acontecimientos a Dios es por sí misma un bien absoluto.

ὡς ἐν οὐρανῷ καὶ ἐπὶ τῆς γῆς
Así en el cielo como en la tierra

Esta asociación de nuestro deseo a la voluntad todopoderosa de Dios debe extenderse a las cosas espirituales. Nuestros ascensos y desfallecimientos espirituales y los de los seres a los que amamos tienen relación con el otro mundo, pero son también acontecimientos que tienen lugar en este mundo y en el tiempo.

Por esta razón, son detalles en el inmenso mar de los acontecimientos, arrastrados con todo ese mar según la voluntad de Dios. Puesto que nuestros desfallecimientos pasados se han producido, debemos desear que se hayan producido. Y debemos extender el deseo al porvenir para el día en que se haga presente. Es una corrección necesaria a la petición de que venga el reino de Dios. Debemos abandonar todos los deseos por el de la vida eterna, pero debemos desear la vida eterna con renunciamiento. No hay que apegarse ni siquiera al desapego. El apego a la salvación es todavía más peligroso que los otros. Hay que pensar en la vida eterna como se piensa en el agua cuando se está a punto de morir de sed y, al mismo tiempo, desear para sí y para los seres queridos la privación eterna de esa agua antes que ser colmados con ella en contra de la voluntad de Dios, si tal cosa fuese concebible.

Las tres peticiones precedentes se relacionan con las tres personas de la Trinidad, Hijo, Espíritu y Padre, y también con las tres partes del tiempo, presente, porvenir y pasado. Las tres peticiones que siguen inciden más directamente sobre las tres partes del tiempo en otro orden, presente, pasado y porvenir.

τὸν ἄρτον ἡμῶν τὸν ἐπιούσιον δὸς ἡμῖν σήμερον
Nuestro pan, que es sobrenatural, dánoslo hoy

Cristo es nuestro pan. No podemos pedirlo sino para el momento presente. Pues siempre está ahí, en la puerta de nuestra alma; quiere entrar, pero no fuerza

35

el consentimiento; si se lo damos, entra; si no, se va de inmediato. No podemos comprometer hoy nuestra voluntad de mañana, no podemos hacer hoy un pacto con él para que mañana se encuentre en nosotros a pesar nuestro. El consentimiento a su presencia es lo mismo que su presencia; es un acto y no puede ser sino actual. No nos ha sido dada una voluntad susceptible de aplicarse al porvenir. Todo lo que en nuestra voluntad no es eficaz es imaginario. La parte de la voluntad que es eficaz lo es de forma inmediata; su eficacia no es distinta de ella misma. La parte eficaz de la voluntad no es el esfuerzo que se proyecta hacia el porvenir, sino el consentimiento, el sí del matrimonio. Un sí pronunciado en y para el instante presente, pero pronunciado como palabra eterna, pues es el consentimiento a la unión de Cristo con la parte eterna de nuestra alma.

Tenemos necesidad de pan. Somos seres que tomamos continuamente nuestra energía del exterior, pues a medida que la recibimos la agotamos con nuestros esfuerzos. Si nuestra energía no es continuamente renovada, nos quedamos sin fuerzas y somos incapaces de cualquier movimiento. Aparte de la comida propiamente dicha, en el sentido literal del término, todo lo que genere un estímulo es para nosotros fuente de energía. El dinero, el progreso, la consideración, las recompensas, la celebridad, el poder, los seres queridos, todo lo que estimula nuestra capacidad de actuar es como el pan. Si una de estas expresiones del apego penetra bastante profundamente en nosotros, llegando hasta las raíces vitales de la existencia carnal, la privación puede herirnos e incluso hacernos morir. Es lo que se llama morir de pena; es como morir de hambre. Todos estos objetos de apego constituyen, con el alimento propiamente dicho, el pan de este mundo. Depende enteramente de las circunstancias que le demos nuestro acuerdo o lo rechacemos. No debemos pedir nada con respecto a las circunstancias, salvo que sean conformes a la voluntad de Dios. No debemos pedir el pan de este mundo.

Hay una energía trascendente cuya fuente está en el cielo y se derrama sobre nosotros desde el momento en que la deseamos. Es realmente una energía y actúa por mediación del alma y el cuerpo.

Debemos pedir este alimento. En el momento en que lo pedimos y por el hecho mismo de pedirlo, sabemos que Dios nos lo quiere dar. No debemos aceptar el estar un solo día sin él; pues cuando las energías terrestres, sometidas a la necesidad de este mundo, son las únicas en alimentar nuestros actos, no podemos hacer y pensar más que el mal. «Viendo Yahvé que la maldad del hombre cundía en la tierra, y en todos los pensamientos que ideaba su corazón eran puro mal de continuo...». La necesidad que nos obliga al mal gobierna todo en nosotros, salvo la energía de lo alto cuando penetra en nosotros. No podemos hacer provisión de ella.

καί ἄφες ἡμῖν τὰ ὀφειλήματα ἡμῶν,
ὡς καὶ ἡμεῖς ἀφήκαμεν τοῖς ὀφειλέταις ἡμῶν
Y *perdónanos nuestras deudas, así como también
nosotros hemos perdonado a nuestros deudores*

En el momento de decir estas palabras es preciso haber perdonado ya todas las deudas. No se trata solo de la reparación de las ofensas que creemos haber sufrido; es también el reconocimiento del bien que pensamos haber hecho y en general de todo lo que esperamos por parte de los seres y las cosas, todo lo que creemos que se nos debe y cuya ausencia nos proporcionaría una sensación de frustración. Son todos los derechos que creemos que el pasado nos otorga sobre el porvenir. Primero, el derecho a una cierta permanencia. Cuando hemos disfrutado de algo durante un tiempo, creemos que nos pertenece y que la suerte debe permitirnos seguir gozando de ello. Además, el derecho a una compensación para todo esfuerzo, trabajo, sufrimiento o deseo, cualquiera que sea su naturaleza. Siempre que hemos llevado a cabo un esfuerzo y este no revierte en nosotros de forma equivalente bajo la forma de un fruto visible, nos queda una sensación de desequilibrio, de vacío, que nos lleva a pensar que nos han robado. El esfuerzo de sufrir una ofensa nos lleva a esperar el castigo o las excusas del ofensor, el esfuerzo de hacer el bien nos lleva a esperar el reconocimiento por parte del beneficiado; pero estos son solamente casos particulares de una ley universal. Todas las veces que algo sale de nosotros tenemos la absoluta necesidad de que al menos su equivalente regrese a nosotros y, por tener necesidad de ello, creemos tener también derecho. Nuestros deudores son todos los seres, todas las cosas, el universo entero. Creemos tener crédito sobre todo. En realidad, se trata siempre de un crédito imaginario del pasado hacia el porvenir. Es a ello a lo que debemos renunciar.

Haber perdonado a nuestros deudores es haber renunciado en bloque a todo el pasado. Aceptar que el porvenir está intacto y virgen, rigurosamente ligado al pasado por lazos que ignoramos, pero completamente libre de aquellos que nuestra imaginación cree poder imponerle. Aceptar la posibilidad de que suceda y, en concreto, de que nos suceda cualquier cosa y de que el día de mañana haga de toda nuestra vida pasada algo estéril y vano.

Renunciando de un golpe a todos los frutos del pasado sin excepción, podemos pedir a Dios que nuestros pecados pasados no aporten a nuestra alma sus miserables frutos de mal y de error. En tanto nos agarramos al pasado, Dios mismo no puede impedir esa horrible fructificación. No podemos apegarnos al pasado sin apegarnos a nuestros crímenes, pues lo que es esencialmente peor en nosotros nos es desconocido.

La principal deuda que creemos tiene el universo para con nosotros es la continuidad de nuestra personalidad. Esta deuda implica todas las demás. El instinto de conservación nos hace sentir esa continuidad como necesidad, y creemos que una necesidad es un derecho. Como el mendigo que decía a Talleyrand: «Monseñor, tengo que seguir viviendo», y al que Talleyrand respondía: «No veo la necesidad de ello». Nuestra personalidad depende enteramente de las circunstancias externas, que tienen un poder ilimitado para aplastarla. Pero preferiríamos morir a reconocerlo. Entendemos el equilibrio del mundo como un concurso de circunstancias en virtud del cual nuestra personalidad se mantiene intacta y nos pertenece. Todas las circunstancias pasadas que han herido nuestra personalidad nos parecen rupturas en el equilibrio que un día u otro deberán ser infaliblemente compensadas por fenómenos de sentido contrario. Vivimos a la espera de tales compensaciones. La proximidad inminente de la muerte es horrible porque nos obliga a aceptar que esas compensaciones no van a producirse.

El perdón de las deudas es la renuncia a la propia personalidad, a todo lo que llamo «yo», sin excepción; es saber que en lo que llamo «yo» no hay nada, ningún elemento psicológico que las circunstancias exteriores no puedan hacer desaparecer; es aceptar eso y ser feliz de que así sea.

Las palabras «hágase tu voluntad», si se las pronuncia con toda el alma, implican esa aceptación. Por eso se puede decir instantes después: «hemos perdonado a nuestros deudores».

El perdón de las deudas es la pobreza espiritual, la desnudez espiritual, la muerte. Si aceptamos plenamente la muerte, podemos pedir a Dios que nos haga revivir purificados del mal que hay en nosotros. Pues pedirle que perdone nuestras deudas es pedirle que anule ese mal. El perdón es la purificación. Ni Dios mismo tiene poder para perdonar el mal que está en nosotros. Dios nos perdona nuestras deudas cuando nos pone en estado de perfección.

Hasta ese momento Dios nos perdona nuestras deudas parcialmente, en la medida en que perdonamos a nuestros deudores.

καὶ μὴ εἰσενέγκῃς ἡμᾶς εἰς πειρασμόν ἀλλὰ ῥῦσαι
ἡμᾶς ἀπὸ τοῦ πονηροῦ
Y no nos arrojes a la tentación, sino protégenos del
mal.

La única prueba para el hombre es estar abandonado
a sí mismo en contacto con el mal. La nada del hombre es entonces experimentalmente verificada. Aunque el alma haya recibido el pan sobrenatural en el
momento en que lo ha pedido, su alegría está mez-
clada con el temor, pues solo ha podido hacer su petición para el presente. El porvenir sigue inspirando
miedo. No tiene derecho a pedir pan para mañana,
pero expresa su temor en forma de súplica. Ahí termina la oración. La palabra «Padre» ha comenzado la
plegaria, la palabra «mal» la termina. Hay que ir de
la confianza al temor. Solo la confianza da la fuerza
suficiente para que el temor no sea causa de caída.
Tras haber contemplado el nombre, el reino y la voluntad de Dios, tras haber recibido el pan sobrenatural y haber sido purificados del mal, el alma está
dispuesta para la verdadera humildad que corona todas las virtudes. La humildad consiste en saber que
en este mundo toda el alma, no solo lo que se llama
el «yo», sino también su parte sobrenatural, que es
Dios presente en ella, está sometida al tiempo y a
las vicisitudes del cambio. Hay que aceptar enteramente la posibilidad de que todo lo que es natural
sea destruido. Pero hay que aceptar y rechazar a la
vez la posibilidad de que la parte sobrenatural del
alma desaparezca. Aceptarlo como un hecho que
no se produciría si no fuera conforme a la voluntad
de Dios; rechazarlo como algo horrible que es. Hay

que tener miedo de ello, pero un miedo que sea la culminación de la confianza.

Las seis peticiones se corresponden dos a dos. El pan trascendente es lo mismo que el nombre divino. Es lo que opera el contacto del hombre con Dios. El reino de Dios es lo mismo que su protección extendida sobre nosotros contra el mal; proteger es una función regia. El perdón de las deudas a nuestros deudores es lo mismo que la plena aceptación de la voluntad de Dios. La diferencia estriba en que en las tres primeras peticiones la atención se orienta exclusivamente hacia Dios y en las tres últimas se dirige hacia uno mismo a fin de obligarse a hacer de estas demandas un acto real y no imaginario.

En su primera mitad, la oración comienza por la aceptación. Luego se permite formular un deseo. Más tarde se corrige volviendo a la aceptación. En la segunda mitad, el orden se modifica; se acaba por la expresión del deseo. El deseo se ha tornado negativo y se expresa como temor; corresponde así al más alto grado de humildad, como conviene para terminar.

Esta oración contiene todas las peticiones posibles; no puede concebirse oración que no esté contenida en ella. El padrenuestro es a la oración lo que Cristo es a la humanidad. No cabe pronunciarla con atención plena en cada palabra sin que un cambio, quizás infinitesimal pero real, se opere en el alma.

OTROS TEXTOS

Durante todo este proceso espiritual no he rezado nunca. Temía el poder de sugestión de la oración, ese poder por el cual la recomienda Pascal. El método de Pascal me parece uno de los peores para llegar a la fe.

El contacto con usted no me indujo a rezar. Por el contrario, el peligro me parecía tanto más temible cuanto que también tenía que desconfiar del poder de sugestión de mi amistad hacia usted. Al mismo tiempo, me sentía muy molesta por no rezar y no decírselo. Y sabía que no podía decírselo sin inducirle a pensar erróneamente sobre mí. En aquel momento no habría podido hacérselo comprender.

Hasta el pasado mes de septiembre jamás había rezado, ni tan siquiera una vez, al menos en el sentido literal del término. Jamás había dirigido palabras a Dios, mentalmente o en voz alta. Nunca había pronunciado una plegaria litúrgica. En ocasiones había recitado el *Salve Regina*, pero solo como se recita un hermoso poema.

El verano pasado, estudiando griego con T..., le traduje del griego el padrenuestro, palabra por palabra. Nos comprometimos a aprenderlo de memoria. Creo que él no lo hizo; tampoco yo, en un primer momento. Pero algunas semanas después, hojeando el evangelio, me dije que, puesto que me lo había prometido y estaba bien, debía hacerlo. Y lo hice. La dulzura infinita de aquel texto griego me impresionó de tal modo que durante algunos días no pude dejar de repetirlo incesantemente. Una semana después, comencé la vendimia. Todos los días, antes del trabajo, recitaba el padrenuestro en griego y lo repetía con frecuencia en la viña.

Desde entonces me impuse por única práctica recitarlo cada mañana con total atención. Si durante la recitación mi atención se distrae o se adormece, aunque sea de forma infinitesimal, vuelvo a empezar hasta conseguir una atención absolutamente pura. Se me ocurre a veces volver a empezar una vez más por puro placer, pero no lo hago a no ser que sienta un verdadero deseo.

La virtud de esta práctica es extraordinaria y no deja de sorprenderme, pues aunque la llevo a cabo cada día, sobrepasa siempre lo que espero.

A veces, ya las primeras palabras arrancan mi pensamiento de mi cuerpo y lo trasladan a un lugar más allá del espacio en el que no hay ni perspectiva ni punto de vista. El espacio se abre. La infinitud del espacio ordinario de la percepción es reemplazada por una infinitud a la segunda o a la tercera potencia. Al mismo tiempo, esa infinitud de infinitud se llena por entero de silencio, un silencio que no es ausencia de sonido, sino el objeto de una sensación positiva, más positiva que la de un sonido. Los ruidos, si los hay, solo me llegan después de haber atravesado ese silencio.

A veces también, durante esta recitación o en otros momentos, Cristo en persona está presente, pero con una presencia infinitamente más real, más punzante, más clara y más llena de amor que aquella primera vez en que se apoderó de mí.

A la espera de Dios, pp. 56-58

La clave de una concepción cristiana de los estudios radica en que la oración está hecha de atención. La oración es la orientación hacia Dios de toda la atención de que el alma es capaz. La calidad de la oración está para muchos en la calidad de la atención. La calidez del corazón no puede suplirla.

Solo la parte más elevada de la atención entra en contacto con Dios, cuando la oración es lo bastante intensa y pura como para que el contacto se establezca; pero toda la atención debe estar orientada hacia Dios.

Los ejercicios escolares desarrollan, claro está, una parte menos elevada de la atención. Sin embargo, son plenamente eficaces para incrementar la capacidad de atención en el momento de la oración, a condición de que se realicen con este fin y solamente con este fin.

Aunque hoy en día parezca ignorarse este hecho, la formación de la facultad de atención es el objetivo verdadero y casi el único interés de los estudios. La mayor parte de los ejercicios escolares tienen también un cierto interés intrínseco, pero se trata de un interés secundario. Todos los ejercicios que apelan realmente a la capacidad de atención tienen un interés muy similar e igualmente legítimo.

Un estudiante que ame a Dios no debería decir nunca: «me gustan las matemáticas», «me gusta el francés», «me gusta el griego». Debe aprender a amar todas estas materias porque incrementan la atención que, orientada hacia Dios, es la sustancia misma de la oración.

No tener una natural facilidad o preferencia por la geometría no impide el desarrollo de la atención por medio de la resolución de un problema o el estudio de una demostración. Más bien al contrario, es casi una circunstancia favorable.

Por otra parte, importa poco que se llegue a encontrar la solución o a entender la demostración, aunque ciertamente haya que esforzarse por lograrlo. Nunca, en ningún caso, un verdadero esfuerzo de atención se pierde. Siempre es plenamente eficaz en el plano espiritual y, por consiguiente, lo es también por añadidura en el plano inferior de la inteligencia, pues toda luz espiritual ilumina la inteligencia.

Si se busca con verdadera atención la solución de un problema de geometría y si, al cabo de una hora, no se ha avanzado lo más mínimo, sí se ha avanzado, sin embargo, durante cada minuto de esa hora, en otra dimensión más misteriosa. Sin sentirlo, sin saberlo, ese esfuerzo en apariencia estéril e infructuoso ha llevado una luz hasta el alma. El fruto se encontrará algún día, más adelante, en la oración. Y también se encontrará, sin duda, en un dominio cualquiera de la inteligencia, acaso ajeno por completo a las matemáticas. Quizás un día, el protagonista de ese esfuerzo ineficaz podrá, gracias a él, captar más directamente la belleza de un verso de Racine. Pero que el fruto del esfuerzo revierte en la oración, eso es algo seguro, algo de lo que no hay la menor duda.

Las certezas de este tipo son de carácter experimental. Pero si no se cree en ellas antes de haberlas experimentado, si no se actúa, al menos, como si se creyera, no se llegará nunca a la experiencia que las hace posibles. Hay ahí una especie de contradicción. Así ocurre a partir de un cierto nivel con todos los conocimientos útiles al progreso espiritual. Si no se los adopta como regla de conducta antes de haberlos verificado, si durante largo tiempo no se les presta adhesión solamente por la fe, una fe en principio tenebrosa y sin luz, jamás se los transformará en certezas. La fe es condición indispensable.

El mejor apoyo de la fe es la garantía de que si pedimos pan al Padre, no nos dará piedras. Al margen incluso de toda creencia religiosa explícita, cuantas veces un ser humano realiza un esfuerzo de atención con el único propósito de hacerse más capaz de captar la verdad, adquiere esa mayor capacidad, aun cuando su esfuerzo no produzca ningún fruto visible. Un cuento esquimal explica así el origen de la luz: «El cuervo, que en la noche eterna no podía encontrar alimento, deseó la luz y la tierra se iluminó». Si hay verdadero deseo, si el objeto del deseo es realmente la luz, el deseo de luz produce luz. Hay verdadero deseo cuando hay esfuerzo de atención. Es realmente la luz lo que se desea cuando cualquier otro móvil está ausente. Aunque los esfuerzos de atención fuesen durante años aparentemente estériles, un día, una luz exactamente proporcional a esos esfuerzos inundará el alma. Cada esfuerzo añade un poco más de oro a un tesoro que nada en el mundo puede sustraer. Los esfuerzos inútiles realizados por el cura de Ars durante largos y dolorosos años para aprender latín aportaron sus frutos en el discernimiento maravilloso que le permitía percibir el alma misma de los penitentes detrás de sus palabras e incluso detrás de su silencio.

Es preciso, pues, estudiar sin ningún deseo de obtener buenas notas, de aprobar los exámenes, de conseguir algún resultado escolar, sin ninguna consideración por los gustos o aptitudes naturales, aplicándose por igual a todos los ejercicios, en el pensamiento de que todos sirven para formar la atención que constituye la sustancia de la oración. En el momento en que uno se aplica a un ejercicio, hay que tratar de realizarlo correctamente, pues esta voluntad es indispensable para que haya verdadero esfuerzo. Pero a través de este fin inmediato, la intención profunda debe estar dirigida exclusivamente hacia el acrecentamiento del poder de atención de cara a la oración, de la misma forma que cuando se escribe, se dibuja la forma de las letras sobre el papel, sin que el objeto sean las letras en sí, sino la idea que se quiere expresar.

A la espera de Dios, pp. 85-87

La atención orientada con amor a Dios (o, en menor grado, a cualquier cosa auténticamente hermosa) hace imposibles determinadas cosas. Así es la acción inactiva de la oración en el alma. Existen comportamientos que, de producirse, turbarían esa atención, pero a los que, recíprocamente, esa atención hace imposibles.

Una vez se posee un punto de eternidad en el alma, no queda más que preservarlo, pues crece desde sí mismo, como una simiente. A su alrededor hay que mantener un gran ejército inmóvil, al que se alimentará con la contemplación de los números, de las relaciones fijas y rigurosas.

A la invariante que se halla en el alma se la nutre con la contemplación de la invariante que se halla en el cuerpo.

Se escribe de igual manera que se pare; no te puedes impedir hacer el esfuerzo supremo. Pero también se actúa del mismo modo. No tengo por qué temer que no llegue a hacer el esfuerzo supremo. Con la única condición de no mentirme a mí misma y de poner atención.

El poeta produce lo bello con la atención fija en lo real. De igual modo que un acto de amor. Saber que ese hombre que tiene hambre y sed existe tan verdaderamente como yo, basta —lo demás se desprende por sí solo—.

Los valores auténticos y puros de lo verdadero, lo bello y lo bueno en la actividad de un ser humano se originan a partir de un único y mismo acto, por una determinada aplicación de la plenitud de la atención al objeto.

La enseñanza no debería tener otro fin que el de hacer posible la existencia de un acto como ese mediante el ejercicio de la atención.

Todos los demás beneficios de la instrucción carecen de interés.

Estudio y fe. Dado que la oración no es más que la atención en su forma pura, y que el estudio constituye una gimnasia de la atención, cada ejercicio escolar debe ser una refracción de vida espiritual. Hace falta un método. Una determinada manera de hacer una traducción del latín, una determinada manera de resolver un problema de geometría (y no una manera cualquiera), constituyen la gimnasia de la atención idónea para conseguir que esta sea más adecuada para la oración.

Un método para comprender las imágenes, los símbolos, etc. No tratar de interpretarlos, sino simplemente mirarlos hasta que brote de ellos la luz.

La gravedad y la gracia, pp. 189-191

Se podría encontrar muchos otros símbolos, algunos más íntimamente unidos al comportamiento mismo del que trabaja. A veces le bastaría al trabajador extender a todas las cosas sin excepción su actitud ante el trabajo para poseer la plenitud de la virtud. Puede encontrarse también símbolos para aquellos que tienen trabajos de ejecución distintos del trabajo físico. Puede encontrárselos para los contables en las operaciones elementales de la aritmética, para los cajeros en la institución de la moneda, y así sucesivamente. La cantera es inagotable.

A partir de ahí se podría hacer mucho. Transmitir a los adolescentes estas grandes imágenes, unidas a nociones de ciencia elemental y de cultura general, en los círculos de estudios. Proponerlas como temas para sus fiestas, para sus tentativas teatrales. Instituir fiestas nuevas alrededor de ellas, por ejemplo la víspera del gran día en que un pequeño campesino de catorce años labra solo por primera vez. Hacer mediante ellas que los hombres y las mujeres del pueblo vivan perpetuamente bañados en una atmósfera de poesía sobrenatural; como en la Edad Media; más que en la Edad Media; ¿pues por qué limitarse en la ambición del bien?

Se les evitaría así el sentimiento de inferioridad intelectual tan frecuente y a veces tan doloroso, y también la orgullosa seguridad que lo sustituye a veces después de un ligero contacto con las cosas del espíritu. Los intelectuales, por su parte, podrían así evitar al mismo tiempo el injusto desdén y una especie de deferencia no menos injusta que la demagogia puso de moda, hace algunos años, en ciertos medios. Unos y otros se unirían, sin ninguna desigualdad, en el punto más alto, el de la plenitud de la atención, que es la plenitud de la oración. Al menos quienes pudieran hacerlo. Los otros sabrían al menos que ese punto existe y se representarían la diversidad de caminos ascendentes, la cual, aun produciendo una separación en los niveles inferiores, como hace la espesura en una montaña, no impide la igualdad.

Los ejercicios escolares no tienen otro destino serio más que la formación de la atención. La atención es la única facultad del alma que da acceso a Dios. La gimnasia escolar ejercita una atención inferior, discursiva, la que razona; pero, llevada con un método conveniente, puede preparar la aparición en el alma de otra atención, la más alta, la atención intuitiva. La atención intuitiva en su pureza es la única fuente del arte perfectamente bello, de los descubrimientos científicos verdaderamente luminosos y nuevos, de la filosofía que va verdaderamente hacia la sabiduría, del amor al prójimo verdaderamente caritativo; y la que, vuelta directamente hacia Dios, constituye la verdadera oración.

Así como una simbología permitiría cavar y segar pensando en Dios, de la misma manera un método que transformara los ejercicios escolares en preparación para esta especie superior de atención sería el único que permitiría que un adolescente pensara en Dios mientras se aplica en un problema de geometría o en una traducción de latín. De no ser así, el trabajo intelectual, bajo una máscara de libertad, es también un trabajo servil. Los que están ociosos necesitan, para llegar a la atención intuitiva, ejercer hasta el límite de su capacidad las facultades de la inteligencia discursiva; de lo contrario le sirven de obstáculo. Sobre todo para aquellos cuya función social les obliga a recurrir a estas facultades no hay, seguramente, otro camino. Pero el obstáculo es pequeño y el ejercicio puede reducirse a poca cosa para aquellos a quienes el cansancio de un largo trabajo cotidiano les paraliza casi enteramente estas facultades. Para ellos el mismo trabajo que produce esta parálisis, siempre que se transforme en poesía, es el camino que lleva a la atención intuitiva.

En nuestra sociedad la diferencia de instrucción produce, más que la diferencia de riqueza, la ilusión de desigualdad social. Marx, que casi siempre es muy tajante cuando describe simplemente el mal, ha desprestigiado legítimamente como una degradación la separación del trabajo manual y el trabajo intelectual. Pero no sabía que en cualquier dominio los contrarios tienen su unidad en un plano que los trasciende a ambos. El punto de unidad del trabajo intelectual y el trabajo manual es la contemplación, que no es un trabajo. En ninguna sociedad puede ejercer el mismo tipo de atención el que maneja una máquina que el que resuelve un problema. Pero uno y otro pueden igualmente, si lo desean y si tienen un método, ejerciendo cada uno el tipo de atención que constituye su parcela propia en la sociedad, favorecer la aparición y el desarrollo de otra atención situada por encima de toda obligación social, y que constituye una relación directa con Dios.

La condición obrera, pp. 308-310

El pasado nos tiene agarrados. Es más real que el presente. Y cada ser tiene su pasado, que ningún otro puede tocar.

En el pensamiento, el alma rehace el acto, salvo el motivo.

Deseando sin cesar que su mujer esté todavía intacta (¿no sería un buen héroe de tragedia?), su pensamiento se transporta al tiempo todavía próximo en que lo estaba. Para volver al presente, su pensamiento debe atravesar ese acto. Ahora bien, ese acto ha perdido ahora el único móvil que lo hacía posible. El pensamiento cae sin cesar en el pasado, y no puede volver al presente más que pasando por lo imposible.

Lo mismo sucede con una acción cuya realización destruye el único móvil que la hacía posible. Por ejemplo, un homicidio causado por una cólera que se desvanece desde el momento en que se ha realizado.

El pensamiento, huido al pasado inocente, debe volver a atravesar el homicidio pero sin cólera. Pero ese es un viaje imposible.

Las consecuencias de una acción son más duraderas que sus móviles. Las consecuencias desgraciadas fuerzan al alma a refugiarse en el pasado, donde no eran, y a volver al presente pasando por acciones sin móvil. Es una tortura para el pensamiento.

Sucede así sea cual sea la naturaleza de los móviles, sean honorables o vergonzosos.

El hombre no escapará a ese suplicio más que realizando acciones sin móvil.

¿Puede?

Solamente si Dios baja a él para actuar en su lugar.

¿Cómo puede suceder eso?

Suplicando a Dios que baje.

La obediencia a Dios es el único motivo incondicionado y que no puede desaparecer jamás. Esa obediencia traslada la acción a la eternidad.

Si se dice esto: aun cuando el momento de la muerte no trajera nada nuevo, sino que fuera simplemente el final de la vida en este mundo sin ser el preludio de otra vida; aun cuando la muerte trajera solamente la nada; y aun cuando este mundo estuviera completamente abandonado de Dios; y aun cuando absolutamente nada real correspondiera a la palabra «Dios», sino solo unas ilusiones pueriles — incluso admitiendo que así fuera, prefiero ejecutar lo que me parece es ordenado por Dios, aunque de ello resultaran las desdichas más horribles, que realizar cualquier otra cosa.

Solo un loco puede pensar así.

Pero si se ha contraído esa locura, se puede estar completamente seguro de no lamentar jamás ninguna acción realizada conforme a ese pensamiento.

La única dificultad es que ese pensamiento proporciona una energía escasa, insuficiente para la realización de las acciones.

¿Cómo aumentar esa energía?

La oración debe aumentarla.

El conocimiento sobrenatural, pp. 87-88

La oración no está dirigida a Dios más que si es *incondicionada*. Orar incondicionalmente es pedir en el nombre de Cristo. Esta es la oración que no es rechazada jamás.

Hágase tu voluntad — sea cual sea.

Desciende a mí para realizar por mí tu voluntad — sea cual sea.

La fe es creer que las acciones realizadas después de tal oración estarán menos alejadas de la obediencia a Dios que las realizadas antes.

Si una acción parece haber sido ordenada por Dios, se puede suplicar a Dios que ayude a realizarla.

Pero solamente con esta restricción sobreentendida: pido tu ayuda para esta acción solamente porque creo que es conforme a tu voluntad y solamente en el caso en que lo sea.

Al mismo tiempo, hay que desear el éxito de esa acción tan violentamente como desea un avaro el oro o un hambriento el pan.

Pues podemos equivocarnos acerca de la voluntad de Dios — pero podemos considerar como cierto que Dios quiere que ejecutemos todo lo que creemos conforme a su voluntad.

San Francisco creía haber recibido la orden de llevar piedras a san Damián; en tanto que estaba en esa ilusión, Dios quería que llevara esas piedras.

¿Cómo es posible que surgiera en un alma humana el sentimiento de que Dios quiere determinada cosa en particular? Es un prodigio tan milagroso como la Encarnación.

O más bien es el mismo prodigio de la Encarnación. Un alma perpetuamente gobernada por ese sentimiento, desde el nacimiento hasta la muerte, es Dios hecho hombre.

El arte es una maravilla de la misma especie, pues la inspiración artística, en el arte de primer orden (que es muy raro), es de esta naturaleza. Lo mismo que toda iluminación de la inteligencia.

Todos esos prodigios consisten en la presencia de lo incondicionado en lo condicionado, en la dirección impresa al pensamiento por lo inmóvil.

Sin ese prodigio, seríamos seres puramente terrenales.

Todos aquellos —y son quizá, con mucho, los más— que jamás han experimentado ese prodigio en sí mismos son seres puramente terrenales.

El conocimiento sobrenatural, pp. 88-89

Los misterios de la fe no son un objeto para la inteligencia en tanto que facultad que permite afirmar o negar. No son del orden de la verdad, sino que están por encima de ella. La única parte del alma humana que es capaz de un contacto real con ellos es la facultad de amor sobrenatural. Solo a consecuencia de ese amor, el alma es capaz de adhesión a esos misterios.

El papel de las otras facultades del alma, comenzando por la inteligencia, es solamente reconocer que aquello con lo que el amor sobrenatural tiene contacto son realidades; que esas realidades son superiores a sus objetos; y hacer silencio cuando el amor sobrenatural se despierta de una manera actual en el alma.

La virtud de la caridad es el ejercicio de la facultad del amor sobrenatural. La virtud de la fe es la subordinación de todas las facultades del alma a la facultad del amor sobrenatural. La virtud de la esperanza es una orientación del alma hacia una transformación en virtud de la cual pasará a ser íntegra y exclusivamente amor.

Para subordinarse a la facultad del amor, las demás facultades deben encontrar ahí cada una su bien propio; y particularmente la inteligencia, que es la más valiosa después del amor. Así es, en realidad.

Cuando la inteligencia, habiendo hecho silencio para dejar que el amor invada toda el alma, comienza de nuevo a ejercerse, se descubre conteniendo más luz que antes, más aptitud para captar los objetos, las verdades que le son propias.

Más aún, creo que estos silencios constituyen una educación que no puede tener ningún otro equivalente y le permiten captar verdades que de otro modo quedarían para siempre ocultas para ella.

Hay verdades que están a su alcance, que son aprehensibles por ella, pero que no puede captar más que después de haber pasado en silencio a través de lo ininteligible.

¿No es lo que quiere decir san Juan de la Cruz al hablar de la noche, refiriéndose a la fe?

La inteligencia no puede reconocer más que por experiencia, *a posteriori*, las ventajas de esta subordinación al amor. No las presiente de antemano. No tiene, en principio, ningún motivo razonable para aceptar esta subordinación. Así, esta subordinación es algo sobrenatural, operada solo por Dios.

El primer silencio, que dura apenas un instante. Que se produce a través de toda el alma en favor del amor sobrenatural, es el grano arrojado por el sembrador, el grano de mostaza casi invisible que se convertirá un día en el Árbol de la Cruz.

Del mismo modo, cuando se presta perfecta atención a una música perfectamente bella (y lo mismo en cuanto a la arquitectura, la pintura, etc.), la inteligencia no encuentra ahí nada que afirmar o negar. Pero todas las facultades del alma, incluida la inteligencia, hacen silencio y quedan suspendidas de la audición. La audición es aplicada a un objeto incomprensible, pero que encierra realidad y bien. Y la inteligencia, que no capta ninguna verdad, encuentra sin embargo ahí un alimento.

Creo que el misterio de la belleza en la naturaleza y en las artes (solamente en el arte de primer orden, perfecto o casi perfecto) es un reflejo sensible del misterio de la fe.

Carta a un religioso, pp. 49-51

Hay un esfuerzo que hacer, que es con mucho el más duro de todos, pero que no pertenece al terreno de la acción. Consiste en mantener la mirada orientada hacia Dios, volverla a dirigir a él cuando se aparta, aplicarla en cada instante con toda la intensidad de que se es capaz. Esto es algo muy difícil, pues toda la parte mediocre de nosotros mismos, que es casi todo lo que somos, que es lo que llamamos nuestro yo, se siente condenada a muerte por esta orientación de la mirada hacia Dios. Y no quiere morir; se rebela y fabrica todas las mentiras posibles para desviar la mirada.

Pensamientos desordenados, p. 31

¿Cómo podríamos buscar a Dios, teniendo en cuenta que se encuentra en lo alto, en una dimensión a la que no tenemos acceso? No podemos caminar sino en sentido horizontal. Si caminamos así, buscando nuestro bien, y la búsqueda culmina, esa culminación será ilusoria, lo que habremos encontrado no será Dios. Un niño que yendo por la calle deja de repente de ver a su madre junto a él, corre en todas direcciones llorando, pero se equivoca; si tuviera suficiente razón y fortaleza para quedarse quieto y esperar, la madre le encontraría antes. Basta solo con esperar y llamar. No llamar a alguien, en tanto no se sabe si hay alguien. Gritar que se tiene hambre y que se quiere pan. Se gritará durante más o menos tiempo, pero finalmente se será saciado, y entonces ya no se creerá, sino que se sabrá que existe verdaderamente el pan. Cuando se ha comido de él, ¿qué prueba más concluyente podría pedirse? En tanto no se ha comido, no es necesario, ni siquiera útil, creer en el pan. Lo esencial es saber que se tiene hambre. Eso no es una creencia, es un conocimiento completamente cierto que no puede ser oscurecido más que por la mentira. Todos aquellos que creen que hay o que habrá un día alimento producido aquí abajo se equivocan.

El alimento celestial no solamente hace crecer en nosotros el bien; destruye, además, el mal, lo que nunca nosotros podremos hacer con nuestras propias fuerzas. El mal que hay en nosotros solo puede verse disminuido por la mirada dirigida hacia una cosa perfectamente pura.

Pensamientos desordenados, pp. 34-35

«Ya recibieron su recompensa». ἀμὴν λέγο ὑμῖν, ἀπέ-
χουσιν τὸν μισθὸν αὐτῶν....*

... τῷ πατρί σου τῷ κρυφαίῳ καὶ ὁ πατήρ σου ὁ
βλέπων ἐν τῷ κρυφαίῳ ἀποδώσει σοι**.

Necesidad de una recompensa, necesidad de un equilibrio, necesidad de recibir el equivalente de lo que
se da. Pero si al forzar esa necesidad firme como la
gravedad se deja un vacío, entonces se produce una
especie de corriente de aire, y surge una recompensa
sobrenatural. Esta no aparece mientras se posea otro
salario: el vacío logra que aparezca.

(Probablemente, sin embargo, no debe desearse).

Igual con la condonación de las deudas (que no
afecta únicamente al daño que los demás nos han hecho, sino además al bien que nosotros les hemos

---

* Mateo 6, 2: «En verdad os digo que ya recibieron su recompensa» (trad. Nácar-Colunga).
** Mateo 6, 18: «... sino tu Padre, que está en lo secreto; y
tu Padre, que ve en lo secreto, te recompensará» (trad. cit.).

hecho). Así también se está aceptando un vacío en sí mismo.

Lo de aceptar un vacío en sí mismo es sobrenatural. ¿Dónde hallar la energía para un acto sin contrapartida? La energía ha de venir de otra parte. Y sin embargo, primero ha de producirse un desgarro, algo de índole desesperada: primero ha de producirse un vacío. — Vacío: noche oscura.

Cuadernos, p. 294

Comprender (en cada cosa) que hay un límite y que no se lo rebasará, o casi, sin ayuda sobrenatural, y pagando a continuación el precio de un terrible rebajamiento. No olvidarlo en ningún caso.

Πάτερ ἡμῶν ὁ ἐν [τοῖς] οὐρανοῖς — τὸν ἄρτον ἡμῶν τὸν ἐπιούσιον δὸς ἡμῖν σήμερον*.

Hay que llegar por sí mismo hasta ese límite. Allí se palpa el vacío. («Ayúdate a ti mismo, y el cielo te ayudará»).

Perdonar. [Valéry]. No se puede. Cuando alguien nos ha hecho daño, se crean determinadas reacciones dentro de nosotros. Olvido voluntario. El deseo de venganza es un deseo de equilibrio esencial. Acéptese el desequilibrio. Véase en él la figura del desequilibrio esencial. Búsquese el equilibrio en otro plano, (y) *o bien* en una extensión mayor.

Trance y vacío voluntario (no pensar...): dos cosas diferentes. (Tal vez, no tan diferentes). Diferentes por un instante.

---

* «Padre nuestro, que estás en los cielos, danos hoy nuestro pan sobrenatural» (cf. *supra*, pp. 31 y 35).

Un modo de purificación: rezar a Dios, no solo en secreto, por lo que toca a los hombres, sino pensando que Dios no existe.

Cuadernos, p. 295

La composición del *Pater*.

La invocación. El paso por lo sobrenatural (οὐρα-νοῖς [*los cielos*]).

Lo eterno. La Trinidad. El Verbo (ὄνομα [*el nombre*]), el Espíritu (βασιλεία [*el reino*]), el Padre (θέλημα [*la voluntad*]).

El tiempo: presente (σήμερον [*hoy*]), pasado (ὀφειλήματα ἡμῶν, ὀφειλέταις ἡμῶν [*nuestras deudas, a nuestros deudores*]), futuro (εἰς πειρασμόν [*en la prueba*]).

Lo contiene todo.

Cuadernos, p. 512

«Padre nuestro, que estás en los cielos». Resulta un tanto humorístico. Sí, es vuestro padre, ¡pero tratad de ir a buscarlo allá arriba! Somos tan rotundamente incapaces de despegarnos de la tierra como un gusano. ¿Cómo podría venir él a nosotros sin descender? No hay manera alguna de formarse una idea de una relación entre Dios y el hombre que no sea tan ininteligible como la de la Encarnación. La Encarnación hace añicos esa ininteligibilidad. Representa la manera más concreta de pensar ese descenso imposible. Por lo tanto, ¿por qué no iba a ser verdad?

Cuadernos, p. 641

Padre nuestro — que estás en los cielos. Corte brusco, ruptura que nos enseña la diferencia que hay entre la naturaleza de lo necesario y la de lo bueno.

Cuadernos, p. 664

PROCEDENCIA DE LOS TEXTOS

A la espera de Dios, prólogo de Carlos Ortega, trad. de María Tabuyo y Agustín López, Trotta, Madrid, ⁶2026.

La gravedad y la gracia, ed. de Carlos Ortega, Trotta, Madrid, ⁵2025.

La condición obrera, introd. y notas de Robert Chenavier, trad. de Teresa Escartín Carasol y José Luis Escartín Carasol, Trotta, Madrid, 2014.

El conocimiento sobrenatural, trad. de María Tabuyo y Agustín López, Trotta, Madrid, 2003.

Carta a un religioso, prólogo de Carlos Ortega, trad. de María Tabuyo y Agustín López, Trotta, Madrid, ²2011.

Pensamientos desordenados, trad. de María Tabuyo y Agustín López, Trotta, Madrid, 1995.

Cuadernos, trad., comentarios y notas de Carlos Ortega, Trotta, Madrid, 2001.